SOLDATS-EXPLORATEURS

MARCHAND

PAR LE

Capitaine PAIMBLANT du ROUIL

LETTRE-PRÉFACE du Général A. LAMBERT

PORTRAIT HORS TEXTE PAR PAUL KRÉDER

PRIX : 1 Franc

EN VENTE

« REVUE DES COLONIES ET DES PAYS DE PROTECTORAT »

63, BOULEVARD SAINT-MICHEL, 63

PARIS

1898

PETITE COLLECTION MILITAIRE ET COLONIALE L. BRUNET

SOLDATS-EXPLORATEURS

MARCHAND

PAR LE

Capitaine PAIMBLANT du ROUIL

LETTRE-PRÉFACE du Général A. LAMBERT

PORTRAIT HORS TEXTE PAR PAUL KRÉDER

PRIX : 1 Franc

EN VENTE

« REVUE DES COLONIES ET DES PAYS DE PROTECTORAT »

63, BOULEVARD SAINT-MICHEL, 63

PARIS

1898

Mon cher Camarade,

Vous qui, n'étant encore qu'un enfant, avez si vaillamment fait plus que votre devoir, pendant l'année terrible, vous consacrez maintenant votre talent et les loisirs, que vous font les infirmités contractées alors, à raconter d'une façon émouvante, les exploits des vaillants d'hier et d'aujourd'hui : Après La Tour d'Auvergne, Bonnier ; après Bonnier, Marchand, et la liste de vos récits ne s'arrêtera pas là ; car elle est longue la théorie de nos héroïques soldats, de nos braves et hardis pionniers.

Et, comme vous avez bien choisi le modèle, que vous placez sous les yeux de tous ! Quel roman que la vie de cet homme qui s'en va traversant, en tous sens, cette mystérieuse Afrique, livrant vingt combats acharnés, échappant à la perfidie, à la trahison, et arrivant même à vaincre la terrible et hideuse fièvre, faucheuse des Européens !

Enfin, le voilà, espérons-le, maître d'une partie du Nil, qui ne sera plus exclusivement un fleuve anglais. Avec les qualités de notre race, qu'il possède au suprême degré, le capitaine Marchand a su se faire craindre d'abord, respecter ensuite, puis aimer des populations au milieu desquelles il se trouve. Dans cette région, il plantera solidement notre drapeau. Vous n'avez écrit que les premiers chapitres de sa vie ; vous aurez à en écrire d'autres. Et longtemps encore, petits et grands liront ces Contes des Mille et une Nuits, qui seront de l'histoire.

Avec tous mes sincères compliments, recevez, mon cher Camarade, l'assurance de mes sentiments bien affectueux.

Gᵃˡ A. LAMBERT

Paris, 12 janvier 1898.

MARCHAND

Le nom de Marchand est prédestiné dans l'histoire des pionniers français de la civilisation. Déjà, au siècle dernier, il était porté par un célèbre navigateur explorateur. Jean Marchand n'a pas laissé péricliter l'héritage reçu avec son nom, il en a développé la gloire. Né le 22 novembre 1863, à Thoissey, dans l'Ain, après de bonnes études, il devint clerc de notaire. La société poudreuse et tranquille des grimoires ne répondait guère à ses goûts d'aventures, de dangers, de drapeau. Comme on se battait au Tonkin, il voulut en être et s'engagea le 17 septembre 1883. Mais c'est en Afrique, qu'il fit ses premières armes. En deux ans et demi de service, il s'était déjà fait remarquer parmi ses camarades. Au mois d'avril 1886, il entrait à l'École militaire d'infanterie, d'où il sortait, l'année suivante, dans les rangs en tête de liste.

La taille bien prise, le teint bronzé, les yeux, le geste, l'allure et le ton décidés, sont les caractéristiques d'un corps qui recèle une âme de puissante énergie.

Envoyé au Sénégal en 1888, il y exerça jusqu'en juillet le commandement du camp de N'Diago (Lagune de Barbarie). Au mois d'août, il fit sa première visite au Soudan, dont il devait bientôt reconnaître tous les chemins, à travers les périls et les fatigues.

Ses pareils à deux fois ne se font pas connaître,

Il n'hésite pas, dès qu'une occasion lui est offerte d'affronter le danger. Il va à celui-ci, comme attiré par un mystérieux aimant, et le prend corps à corps, toutes les fois qu'il entrevoit quelque gloire pour son pays dans le renversement de l'obstacle rencontré.

En novembre et décembre 1888, il fait la reconnaissance du Bambouk et de la place forte de Koundian.

Le 18 février 1889, l'attaque et l'assaut de celle-ci sont particulièrement chauds. Les remparts sont intrépidement défendus. Rien n'arrête l'ardeur de l'officier, pas même un coup de feu à la face, reçu à bout portant dans la mêlée. En tête de sa section, il pénètre le premier par la brèche.

Le 13 septembre suivant, l'étoile des braves brillait sur sa jeune poitrine. Le décret rappelait sa brillante conduite en termes flatteurs ; on y voyait que, malgré sa blessure, il était entré dans Koundian en avant de la colonne d'attaque, et qu'il avait continué le combat pendant plusieurs heures, avant de se faire panser.

Au mois d'avril 1889, il fut envoyé aux canonnières du Niger. Il commença l'étude du fleuve, sur lequel il a fourni les plus intéressants travaux. De mai à août, il commanda le fort avancé de Koulikoro, alors tête de la ligne de pénétration en Afrique.

Il fit, pendant les mois d'août, novembre et décembre 1889, la reconnaissance politique et militaire de la région de Ségou, capitale de l'empire toucouleur et boulevard de l'Islam dans l'Afrique occidentale. L'année suivante, ses renseignements, utilisés par le colonel Archinard, facilitaient la prise de la ville, dont le lieutenant fut un des plus brillants acteurs.

Les mois de septembre et d'octobre, qui marquent un temps d'arrêt dans les investigations de l'officier à Ségou, furent consacrés par lui à une mission grosse de conséquences dans l'avenir. Des négociateurs furent envoyés à Tombouctou. Marchand fut spécialement chargé de la partie politique. Embarqué sur la canonnière *Mage,* en septembre, il vit à Mopti (Macina) l'embouchure du Bani dans le Niger. Il rechercha la navigabilité de ce cours d'eau et la compara, dans la suite, à celles des vallées opposées, descendant au golfe de Guinée. C'était le germe de son projet de *Transnigérien.*

Il traversa, à la fin du mois, le lac Débo, situé à cheval sur le Niger même. La vue de cette nappe d'eau, qui fait partie du vaste système de réservoirs avoisinant Goundam et Tombouctou, fit surgir dans son esprit l'idée d'une mer intérieure devant fertiliser les espaces stériles entre le Sahara et le Soudan.

Il en étudia immédiatement les moyens d'exécution pratique. Ceux-ci sont rendus relativement faciles par la configuration topographique et le remplissage successif des lacs de la région, au moment de la crue annuelle du Niger. Cette mer, avec une largeur variant de 50 à 200 kilomètres, irait de Diafarabé jusqu'à Thossaye, sur une longueur d'environ 1.000 kilomètres, en amont du coude de Bourroum. Là le Niger se perce un passage étranglé à travers des plateaux rocheux.

A l'époque des eaux hautes, des barrages y seraient d'un établissement aisé. La dérivation des eaux, arrêtées dans leur descente, réunirait en une mer intérieure les lacs de la région de Tombouctou, sur les deux rives du fleuve. Ce serait la richesse pour ces contrées inhabitées et stériles. Les mornes tristesses des sables infinis feraient place à la verdure et aux plantureuses moissons. L'eau infuserait la vie dans ces campagnes arides, où le rachitisme de la végétation, comme le mancenillier, dont l'ombre exhale un sommeil de mort, de ses branches amaigries laisse tomber une mélancolie poignante.

Le début des négociateurs ne fut pas rempli sans encombre. Les mêmes tribus de Touareg qui devaient plus tard massacrer la colonne Bonnier, s'opposèrent au passage de la mission, qui dut livrer un sanglant combat, le 30 septembre, à Koura. Le 2 octobre, on touchait Kabara, port de Tombouctou ; à la fin du même mois, Marchand rentrait à Koulikoro. Il occupa les mois de février et mars 1890 à ouvrir, entre Bamakou et Ségou, une route longue de 250 kilomètres praticable à l'artillerie.

Le 6 avril 1890, il était à la prise de Segou et participait aux dangers glorieusement vaincus par la colonne Archinard. Les 25 et 26 avril, dans les combats féroces de Ouessebougou on distingue, auréolés de courage, les jeunes officiers Marchand, Lucciardi, Sensarric, Salvat, jaloux de la gloire des anciens.

Il rentre en France en août. Il prend seulement le temps de respirer l'air de la patrie ; il aide en même temps le colonel Archinard dans la préparation de la campagne contre Nioro, et repart le 20 septembre 1890, pour de nouveaux dangers. Commandant la colonne de l'est, il tourne, par le Niger, le Bélédougou, le Bakounou et le Sahara sud, et arrive, au commencement de janvier 1891, sous les murs de Nioro qu'il attaque brillamment. Ahmadou est en fuite. Marchand, jusqu'à la fin du mois, le pourchasse dans le désert. Il sert ensuite de guide à la colonne Archinard, de Nioro au Niger, à travers le Bakounou. Le 28 février 1891 a lieu la mémorable prise de Diéna. Que de braves sont frappés dans cet assaut ! Il faut marcher sous une grêle de balles et de flèches empoisonnées. Toujours en tête, Marchand reçoit une grave blessure sur la brèche. On le ramène ensanglanté à Ségou où il doit recevoir des soins. Il achève de se remettre dans le périlleux commandement de Bamakou (mars-avril 1891).

Alors s'ouvre dans sa vie un acte mouvementé, où le courage impétueux, la froide force de caractère, l'horrible, les périls, la malveillance ambiante. forment le plus incroyable assemblage. Envoyé comme résident de France auprès de Tiéba, il arrive à Sikasso le 16 juillet 1891.

Là, tour à tour conseiller intime du roi et généralissime de son armée ; il est à chaque instant menacé du pire sort par l'ingratitude et la duplicité de notre précaire allié.

Ce sont d'abord 8.000 sofas et 3.000 chevaux qu'il conduit sur Tiong'i et Tengréla (août et septembre 1891). Puis pour dégager Kankan, où il croit les forces françaises investies, il détermine le potentat noir à marcher contre Samory. Avec les forces réunies de Tiéba, il attaque par l'est l'Almany, qui est forcé de diviser ses continguents, pour répondre en même temps au colonel Humbert, arrivant par l'ouest (décembre, janvier, février 1891-1892 : combats de Dumbasso et Kouna).

Mais Tiéba remplace les conseils de notre résident par ceux d'un représentant d'Ahmadou, notre mortel ennemi. Rien ne se résout à Sikasso, sans l'avis de cet homme. Notre allié, qui a fait un bon départ, revient en arrière. Il arrête la diversion commencée et se dérobe chaque fois que le lieutenant le somme de tenir les promesses faites au colonel Archinard ; il dénature le sens des instructions du commandant supérieur, et y oppose de fallacieux échappatoires.

Cette attitude suspecte décide le colonel Humbert à envoyer le capitaine Péroz à Sikasso : au cas où Tiéba aurait continué la campagne, le capitaine aurait pris avec Marchand la direction des contingents ; dans le cas contraire, il devait chercher à démêler les intentions du roi nègre et en aviser le commandant supérieur, Péroz apprend en chemin les vexations subies par notre résident, des avis duquel Tiéba, qui le voit d'un mauvais œil, ne tient plus compte. L'influence française s'en ressent. Péroz est accueilli froidement. Il ne trouve pas Marchand, que Tiéba à réussi à éloigner en lui cachant la prochaine arrivée du capitaine. Les deux Français ne pourront ainsi échanger leurs impressions. Mais l'inspection de la misérable demeure de notre représentant donne à Peroz une piètre idée des sentiments amicaux de notre allié.

C'est plutôt une prison que la résidence d'un ambassadeur. Tiéba se plaint des tours de force que lui a fait faire le lieutenant Marchand : pendant l'hivernage, celui-ci l'a fait marcher dans le sud inondé, avec toutes ses colonnes ; lui, ses hommes et sa cavalerie sont à bout. Péroz rejoignit la colonne française sans avoir pu vaincre la mauvaise volonté de Tiéba. Marchand pour recueillir le capitaine Ménard venant de Kong, et les officiers partis de la Côte-d'Ivoire avec Sikasso pour objectif, obtient néanmoins l'envoi d'une colonne dans la direction des états de Samory. Il enlève Kokonna et Farakoro, où il fait sa jonction avec les forces de Dialakoro, roi du Nafana, dont il a réussi à se faire un allié. Le fils de Tiéba, Phou, qui commande au nom de son père, se refuse à aller plus loin contre Samory. Il abandonne Marchand et Dialakoro dans le plein de l'action (29 janvier 1892) et, pendant la nuit, fait mettre le feu au campement de notre résident dont il espère se débarrasser sous couleur d'accident. Celui-ci, échappé à grand peine à l'incendie, est recueilli presque nu par Dialakoro.

C'est à Kountiéni, capitale de Dialakoro, que Marchand apprit, le 16 février, la mort du capitaine Ménard, à Séguéla. Le bruit vague en courait déjà depuis deux jours, mais on le lui cachait : il est d'usage dans ces contrées de ne jamais apprendre la mort d'un guerrier aux membres de sa famille. Il veut se rendre à Séguéla pour sauver les papiers du glorieux mort. Heureusement Dialakoro s'oppose d'une façon formelle à cet acte de généreuse témérité. Pendant ce temps la fidélité de Tiéba devenait de plus en plus douteuse. La conduite de Phou n'était que la conséquence de l'hostilité de l'entourage de notre singulier allié, qui se pourvoyait chez les Anglais d'importantes quantités d'armes à tir rapide. Les fortifications de Sikasso achevées, rendus arrogants par la solidité de celles-ci, les fils de Tiéba parlaient ouvertement de forcer leur père à des alliances avec Samory et Ahmadou, pour chasser les Français du Soudan.

Marchand profite de son séjour chez le roi du Nafana, province encore inconnue de la vallée du Cavally, pour reconnaître le cours supérieur de ce fleuve et des cours d'eau Tieuba, Boa et Férédougou. Rappelé à son poste pour la révolte du Ségou, il entre, le 13 avril 1892, à Sikasso. Son séjour chez Tiéba lui permit de commencer l'étude du *Transnigérien*, auquel il songeait depuis 1889. A la recherche d'une voie de pénétration entre la Guinée et l'intérieur du Soudan, il reconnut le Bani et sa haute vallée, le Bagoé, le Banifing, affluent de droite, le Baba, affluent de gauche.

Au mois de mai, la nouvelle des succès des Français et de la défaite complète de Samory dans les affaires de Bissandougou au Toutoukoro, rendent plus tenable la situation de Marchand à Sikasso. Mais peu après le départ du lieutenant, Samory envahissait le Nafana, dévastant la province, et faisait mettre à mort le loyal Dialakoro, tombé en son pouvoir.

Marchand est entraîné alors dans le règlement des affaires particulières de Tiéba. Les colonnes de celui-ci, fortes de 11,000 sofas et 1,700 chevaux envahissent la confédération de Tiéré. Le 8 juin 1892, la capitale est prise d'assaut. Le roi de Tiéré est tué et son armée détruite. Le combat dure de 7 heures du matin à 7 heures du soir. Pendant cette journée, où l'ennemi a 1,400 tués et blessés. Marchand

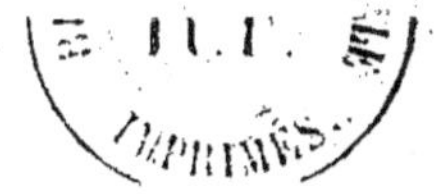

conduit par deux fois à la charge les 1,700 cavaliers de Tiéba.

Mais sur ces entrefaites, la révolte des Peuhls couvre le pays de Ségou et de Sansanding, menaçant de nous chasser de ces plantureuses régions, enlevées à Ahmadou par le colonel Archinard, deux années auparavant.

L'assassinat du lieutenant Huillard marque les débuts du mouvement insurrectionnel. Marchand va joindre son courage et son activité à ceux d'un autre brave, Briquelot, alors résident à Ségou, mort depuis, au Tonkin, victime de son infatigable dévouement.

Il reçoit le commandement de la 2e compagnie de tirailleurs auxiliaires et participe aux combats de la colonne Bonnier pour débloquer Ségou. Il est aux chaudes affaires de Boumouti et de Koïla (22 juin 1892). Le 24, on se bat à Sansanding. Le 26, on arrive à Dosséguéla. Le commandant Bonnier disperse les bandes des peuhls et des toucouleurs qui enserrent la place, mais les bambarras révoltés se renferment dans l'enceinte fortifiée. Le commandant fait donner l'assaut : les tirailleurs, enlevés par leurs chefs, les lieutenants Marchand et Szimanski, escaladent la muraille, pénètrent dans le village, qui est pris après une résistance acharnée d'une heure et demie. Les pertes de l'ennemi montent à 300 tués. Le chef de Dosséguéla se fait sauter la cervelle avec une quarantaine de ses fidèles.

Les résultats de cette victoire sont considérables, car Ségou et Sansanding sont débloqués et la colonne d'El-Hadj-Bougoumi s'enfuit dans le nord (1). L'insurrection est réduite et la campagne terminée.

Le lieutenant Marchand rentre en France, en septembre 1892. Il reçoit alors la récompense de ses éminents services.

Officier d'Académie du 8 août 1892, il est nommé capitaine le 19 décembre suivant.

A la suite de la signature du traité avec Libéria, donnant à la France la frontière du Cavally pour la colonie de Côte-d'Ivoire, le ministre des affaires étrangères confère à Marchand la croix d'officier du Nicham Iftikar. (Février 1893.)

Marchand repartit en mars 1893 pour la Côte-d'Ivoire : Quel était le but de sa mission? Allait-il simplement explorer les fleuves de la colonie, remonter le Cavally, pour reconnaître l'arrière pays de Samory ? Certains prétendaient qu'il allait, à l'instigation de Binger, s'emparer de Thiassalé. Ces suppositions n'étaient qu'en partie vraies. Cette mission était surtout inspirée par une considération d'ordre économique, d'un intérêt capital pour l'avenir de nos possessions de l'Afrique centrale : la recherche d'une voie pratique permettant l'exploitation du bassin Nigérien. L'intention du capitaine Marchand était de remonter la vallée du Bandama et de revenir à la mer par le Cavally. Le capitaine Manet, qui avait demandé à l'accompagner, devait le quitter aux sources du Bandama pour suivre le Bani jusqu'au Niger tandis que lui aurait descendu le Cavally.

Pour l'accomplissement de ces projets, la mission emporta deux chalands démontables en acier, qui furent lancés à l'embouchure du Bandana. Alors commença la montée du fleuve.

Pour aborder le Niger, il faut franchir de puissantes défenses naturelles : au nord, les immensités arides du désert saharien et, dans la partie occidentale de l'Afrique, la bande de végétation puissante qui fait une barrière entre l'Océan, vaincu par la navigation européenne, et l'intérieur africain, dont le mystère se laisse difficilement déchirer. L'expédition s'aventure à travers cette luxuriance tropicale. Partout, toujours, c'est une verdure incroyable, la forêt et encore la forêt sans fin, percée par le fleuve chaud et malsain. Dans les herbes, dans les mousses, on devine les reptiles fourmillant. Les embarcations rasaient la rive pour se couvrir de l'ombre des branches ; à la surface de l'eau, on voyait trembler çà et là de petites vapeurs de fièvre ; sur les bords, c'était le fouillis des racines pendantes des palétuviers, comme une multitude de grands doigts blancs crispés, enfonçant leurs ongles dans la vase. Quel silence dans cette frondaison folle ! Rien ne le trouble que le cri de quelque oiseau aux nuances de métal, posé sur la carapace d'un caïman à l'œil bonassement féroce. Pas un bruissement de feuilles, pas un mouvement, à part, de temps en temps, les cercles concentriques de l'eau ridée par le plongeon d'un hippotame. Le sourire verdoyant du paysage, qui se mire dans le fleuve, devient attristant à force d'être toujours le même.

Mais les obstacles surgirent dès le début ;

---

(1) *Au Niger*, par le commandant Péroz.

Thiassalé, sur le Bandama, qui avait conclu un traité avec nous, se déclara hostile et refusa de laisser passer la mission, qui, pour avancer, dut faire appel au concours des milices de la Côte-d'Ivoire.

Thomas Grimm (1) raconta la rencontre de Koudoumissou, où les bandes de Thiassalé écrasées, ne purent nous interdire ensuite l'entrée de la ville :

« Pour avancer sur le fleuve, il fallait faire sauter à la dynamite des rochers. Mais continuer la marche en bateaux devenait dangereux ; elle eut déjà été périlleuse avec la permission de Thiassalé. A plus forte raison quand on allait pour l'attaquer. Dans une rencontre sur l'eau, dans les rapides, la colonne aurait été anéantie. Aussi, quittant brusquement la voie du fleuve, le capitaine Marchand prit la voie de la terre.

» Cette voie de terre, c'était la forêt vierge, c'était le sentier perdu sous cette gigantesque végétation tropicale ; c'était la privation de la clarté, la marche hésitante dans une ombre continuelle, dans une atmosphère de terre chaude, d'humidité suintante et de puanteurs se dégageant d'un sol tremblant, formé par des couches de bois, pourrissant depuis des siècles dans ces profondeurs ; c'étaient les rivières bourbeuses et noirâtres à franchir à la nage, quoi qu'elles fussent encombrées de caïmans ; c'étaient les troncs géants tombés dans la forêt et qu'il faut escalader à force de bras ou sous lesquels on se glisse à plat ventre comme des couleuvres ; c'étaient les lianes, les fourrés, les branches à sabrer, pour ouvrir le passage ; c'étaient les embuscades à éventer, c'était enfin l'horreur de ces solitudes, horreur résultant surtout de la privation d'air et de lumière.

« Un moment, nos soldats crurent qu'ils ne sortiraient jamais de la forêt maudite. En un jour, on faisait six kilomètres, pas un de plus. Impossible, dans cette forêt, d'envoyer des éclaireurs qui auraient été massacrés sans profit. Il fallait marcher l'œil au guet, s'attendre continuellement à l'attaque. Elle se produisit tout à coup. Le feu éclata dans les jambes de nos soldats, devant, derrière, à droite et à gauche. Il y en avait partout et cela au milieu d'un horrible

concert de cris aigus poussés par les guerriers de Thiassalé. A quatre mètres au plus, on voyait bondir à travers les arbres et le feuillage de grands corps nus, avec des figures de diables effrayantes pour des enfants ; ils s'étaient mis des masques en bois et s'étaient peint le corps en rouge et en blanc. Leur nombre était très élevé : c'était un véritable grouillement.

« Nos tirailleurs, instruits par les officiers en prévision de cette guerre en forêt, s'aplatissent par terre au premier signal. Les capitaines Marchand et Manet, seuls, restent debout pour diriger le feu que commencent aussitôt les sections à genou.

« Comme à la manœuvre, les deux officiers français commandent le feu par salves à répétition. Ce sont les Lebels qui commencent. Les sections tirent à bout portant (il y avait entre eux et l'ennemi huit pas environ) sur la masse hurlante, qui, se croyant sûre de la victoire, était toute debout. Nos tirailleurs, à genou, obéissent admirablement et tirent, au commandement, par salves. C'est un spectacle effrayant ; les décharges, sèches comme des coups de trique, se succèdent sans interruption. On distingue fort bien dans le bruit assourdissant le tir des fusils Lebel du tir des fusils Gras et des fusils ennemis.

« A travers la fumée, on entrevoit des noirs qui tombent ; les branches cassent avec bruit sous le passage des décharges ; la végétation est trouée, arrachée, comme évanouie sous ce feu violent.

« Pour achever la victoire, le capitaine Marchand envoie à l'ennemi, à toute volée, en guise d'obus, un paquet de dix cartouches de coton-poudre, qui éclate avec un bruit terrible. C'est la fin, les hurlements cessent.

« Nos tirailleurs arrêtent le feu : en quatre minutes ils avaient jeté 3.000 à 4.000 balles à bout portant dans la masse. Tout autour d'eux, la forêt était dépouillée, le taillis nettoyé comme si un ouragan avait passé là.

« Sans s'arrêter à compter les morts de l'ennemi, la petite colonne française se lance à corps perdu en avant. Il s'agit d'arriver avant que les bandes de guerriers noirs aient eu le temps de se reformer et de se jeter dans Thiassalé. Voici enfin un sentier. C'est le seul et elle est dessus ; elle prend une allure de marche qui est presque une course. Deux heures après, elle

---

(1) *Petit Journal* du 5 août 1893.

débouche de la forêt et, quelques instants en-suite, elle atteint le bord du fleuve.

« Sur l'autre rive, c'est Thiassalé. Les tirail-leurs armés du fusil Lebel tirent sur les ba-teaux qui traversent le fleuve, chargés de guerriers et les coulent; les autres croisent leurs feux par dessus le fleuve dans la ville même de Thiassalé. On entend un seul cri, im-mense, fait de plusieurs milliers de voix, puis plus rien qu'un grand silence, troublé par les feux de nos soldats, qui voient hommes et fem-mes s'enfuir, jetant au hasard les objets pré-cieux qu'ils emportent?

« Comment traverser le fleuve pour entrer dans Thiassalé ? Il n'y a pas de bateaux. Tous ont été passés de l'autre côté : on les voit rangés sur la rive où se sont massés des guerriers qui tirent sans discontinuer.

« Le capitaine Marchand demande trois hom-mes dévoués ; ils se présentent, traversent le fleuve à la nage, sous une grêle de balles, pen-dant que nos tirailleurs, sans relâche, tirent sur l'autre rive. Ces trois braves réussissent dans leur mission si dangereuse. Ils s'empa-rent de trois grandes pirogues et les ramènent. Deux sections s'y embarquent, gagnent la rive droite et s'y maintiennent malgré l'ennemi. Un second voyage transporte deux autres sections. La rive droite est conquise.

« Reste à prendre Thiassalé. C'est l'affaire d'un commandement : *A l'assaut!* Les quatre-vingt-dix tirailleurs, enlevés par leurs deux officiers, se ruent à la baïonnette. Rien ne tient. Les derniers défenseurs jettent jusqu'à leurs fusils pour mieux fuir. Thiassalé est à nous. Elle est pleine de sang ; les balles ont fait un affreux carnage pendant les deux heures qu'a duré le passage du fleuve.

« Les deux jours suivants, furent successive-ment conquis tous les villages environnants ; l'expédition, décidée le 12 mai, commencée le 13, était terminée le 2 juin. La totalité des états de Thiassalé était tombée entre nos mains. »

Les rapides qui relient le bas du fleuve à son cours supérieur arrêtent la navigation; au mi-lieu des rochers, les eaux, jusque là d'un calme hypocrite, deviennent furieuses. C'est en cher-chant à les étudier, que le capitaine Manet se noya le 9 septembre 1893. Cette mort fut sur le point de réveiller la résistance vaincue à Thias-salé. Marchand remonta immédiatement jus-

qu'au Baoulé. Le chaînon montagneux de celui-ci, riche placer, s'enfonce comme un coin dans la ceinture de forêt, bordant le littoral. Celle-ci des états de Libéria au Gabon, pré-sente partout, sauf là, une épaisseur de 200 à 300 kilomètres. Le Baoulé la réduit à 90 kilo-mètres, entre le Bandama et son affluent, le Zini. Il arrive jusqu'aux abords de Thiassalé, ouvrant, entre cette ville et Kong, une large allée dans la verdure. Tout de suite Marchand y voit la véritable route du Soudan. Dès lors son but est Sakala, le grand marché des kolas de la région. La voie de terre, complément naturel de la ligne fluviale, traverse ce pays. C'est le *Transnigérien.* Le capitaine s'élève dans le nord du Baoulé. Le voilà à Bouaké, capitale d'une colonie achanti, adonnée aux sacrifices hu-mains. Rien ne l'arrête. Obligé par le voisi-nage des troupes de Samory à laisser ses baga-ges et la moitié de son escorte, il traverse successivement le Djimini, le Tagouano, le Tiémégué, le Folona; il arrive aux hauts pla-teaux du Niger et tombe dans la vallée du Bani. Le 12 février 1894, il entre à Tengréla qu'il avait habité avec Tiéba, en septembre 1891. Sa marche, depuis le golfe de Guinée, se trouve ainsi reliée aux itinéraires du Soudan français parcourus deux années auparavant. La route suivie par lui allait sans interruption du Séné-gal à la Côte-d'Ivoire, par Kayes, Sikasso, Tengréla, Thiassalé et Grand-Lahou, c'est-à-dire le Sénégal, le Niger, le Bani-Bagoué et le Bandama.

Les lignes fluviale et terrestre du *Transnigé-rien* étaient reconnues. En raison du point précis où le Bani devient navigable, c'est en effet le Bandama et non le Cavally qui doit ser-vir de lien entre la mer et le Niger.

Mais le capitaine pense alors que la voie fluviale ne suffit pas. Sur chaque rive, son rayonnement de 100 kilomètres au plus laissera inexploités les 500,000 kilomètres carrés de la bande nigérienne. Pour ne pas abandonner ce vaste champ à l'activité de nos rivaux, il faut trouver de bons colporteurs. Le climat interdi-sant toute dépense de force à l'Européen, c'est aux indigènes qu'on doit s'adresser pour cela. Le peuple mandé-diaoula, habitant cette con-rée, est appelé à remplir cet office. Son goût pour les voyages et le négoce, son aversion pour l'agriculture et la guerre le désignent naturellement. Le capitaine Marchand estima que le succès de sa mission ne serait entier que lorsqu'il aurait amené les Dioulas à nos établissements de la Côte-d'Ivoire, en les arrachant aux routes creusées à grands frais par les Anglais dans les forêts de la Côte-d'Or. Il se dirige sur Kong, la grande cité des Dioulas, auxquels il veut démontrer les avantages de la route de Thiassalé. Pour cela, il a à vaincre mille périls ; le moindre n'est pas de se frayer un chemin à travers les colonnes de Samory. La malveillance du premier accueil des gens de Kong ne fut pas pour le dédommager des dangers courus. Elle ne persista heureusement pas et fit place à de bonnes dispositions, qui lui permirent d'atteindre son but, d'amener les caravanes des Diaoulas vers Thiassalé.

Dans la marche de l'officier français rien ne put altérer sa force de caractère, ni la faim, qui fit souvent crier ses entrailles, ni la fatigue, ni la peste, ni la variole, dont il eut à traverser la contagion, ni la désolation des contrées parcourues, les champs dévastés, les villages détruits et encore fumants d'où s'élevait une odeur empuantée de charnier. Il alla créer dans le Baoulé le poste de Kouadiokofikrou, à 180 kilomètres au nord de Thiassalé, par où il redescendit à la côte, ayant parcouru en une année, de septembre 1893 à septembre 1894, plus de 4,000 kilomètres, en pays inconnu et, chose à peine croyable, entièrement à pied.

Il ramène une caravane de 300 Diaoulas. La jonction commerciale est chose faite. Les premières transactions furent heureuses. Les habitants de Thiassalé, revenus de leur frayeur, étaient rentrés chez eux ; la vie habituelle avait repris. Le capitaine retrouva en pleine activité la ville que son entrée, les armes à la main, avait d'abord dépeuplée.

Dans les rues, bien curieux le grouillement noir qui se fait à certaines heures du jour. Les inconnus de l'existence indigène s'y dégagent en une intense originalité.

Séduisantes dans leurs formes vigoureuses les jeunes femmes d'ébène. Il ne faut cependant pas les regarder avec quelques printemps de plus. C'est une calamité ! Leurs grâces lamentables auraient besoin du secret de Ninon

Pour réparer des ans l'irréparable outrage.

La coquetterie est de toutes les couleurs ; témoin la camériste noire préparant l'échaffau-dage compliqué de la coiffure qui fera florès au tamtam dansant. Les pagnes bleus sur les corps des négresses ont, dans la lumière, des reflets ondoyants de peluche. La femme qui va puiser de l'eau dans le Bandama « a gagné petit ». Elle porte sa progéniture sur le dos dans une bande d'étoffe ; son fardeau ne la gênera pas pour danser. Il faudra voir les contorsions saccadées de la mère, entendre les cris de l'enfant, rudement secoué par sa monture. Si elle n'avait pas « gagné petit » ce serait une horrible statuette de fétiche en bois qu'elle porterait gravement sur le dos, spectacle grotesque, mais dont personne ne songe à rire. Cela porte bonheur et doit procurer l'enfant désiré (1).

Le marché jette dans la ville la note la plus animée, les élégances de Thiassalé s'y rencontrent. Les beaux font des effets de torse devant les Vénus noires parées des plus étincelantes verroteries. Les discussions du négoce répandent une rumeur sur le tout. Les victuailles regorgent, le riz déborde des paniers en blanches cascades, des quartiers de viandes grillés remplissent de luisantes bassines de cuivre. Puis ce sont des amoncellements de poissons séchés, de kolas, de thé, de sucre, à côté de paquets d'étoffes de toutes sortes, d'indiennes aux couleurs vives, de soies multicolores, de bonnets de velours brodés d'or et d'argent.

Les importants résultats recherchés par le capitaine étaient atteints, la voie fluviale transnigérienne était reconnue et les routes des pays diaoulas et des caravanes de l'Afrique occidentale prolongées par Thiassalé jusqu'à la mer, à Grand-Lahou. Dans l'idée de l'explorateur, Thiassalé étant le point de jonction, sur le Bandama, du Baoulé et de la bordure de végétation, Grand-Lahou, tête de ligne du *Transnigérien*, à l'embouchure du fleuve, doit devenir la capitale de la Côte-d'Ivoire et le plus grand port de commerce de l'Afrique occidentale.

Mais à peine Marchand a-t-il achevé sa belle exploration qu'un danger surgit, menaçant

_____

(1) « Gagner » est un verbe universel. Une femme « gagne-petit » en devenant mère, un guerrier tué a « gagné le paradis », un nègre battu au jeu de dames a « gagné perdu », etc...

d'anéantir l'espoir fondé sur elle. Les colonnes de Samory, battues au Soudan, envahissent l'arrière-pays de la Côte-d'Ivoire. Bondoukou va tomber en leur pouvoir. Elles coupent la route de Kong, en prenant contact avec les Anglais de la Côte-d'Or. C'est à bref délai la ruine de l'avenir commercial de la Côte-d'Ivoire. Cela doit donner aussi à nos concurrents le temps de s'emparer du commerce de la bande du Niger et d'inutiliser la découverte du *Transnigérien*. Les Diaoulas de Kong font appel à la protection de la France.

Une expédition, hâtivement préparée, est confiée au colonel Monteil, avec le commandant Pineau pour chef d'état-major. Le capitaine Marchand obtient de participer à la défense de son œuvre, laborieusement accomplie et si subitement compromise.

Le 24 octobre 1894, une colonne forte seulement de six compagnies, débarquait à Grand-Lahou. Prenant en partie la voie de terre, remontant en partie le Bandama, elle marchait immédiatement sur Thiassalé et Konadioko-fikrou ; mais une révolte éclate en ce moment dans l'Akapless, aux portes de Grand-Bassam. Monteil et Marchand ramènent leurs troupes déjà en marche sur Kong et volent au secours de la capitale de la Côte-d'Ivoire. Les sanglants combats de Bonona (9 et 16 novembre), étouffent la rébellion, éteinte définitivement par la prise d'Amangana.

Mais ce soulèvement entraîne un retard de deux mois, dont profite Samory pour dévaster la province de Djimini, qui se défend jusqu'à la dernière extrémité. Le 20 décembre, la colonne de secours ramenée de Grand-Bassam, est concentrée à Thiassalé ; elle compte sept compagnies, deux batteries d'artillerie, un escadron de spahis et une section de génie. Dès son entrée dans le Baoulé, le premier canton de cette province se soulève à la voix du chef Akafou. Ce n'est que le 10 février 1895, après un nouveau retard d'un mois et demi, que Monteil, ayant dû laisser la moitié de ses forces dans le pays à peine soumis, arrive avec le reste au fort de Konadiokofikrou. Il y retrouve Marchand qui l'attend depuis deux mois.

La colonne de secours, réduite à quatre compagnies et une section d'artillerie, entre le 28 février à Satama, capitale du Djamala. Samory en personne accourt pour arrêter cette

marche. Le 3 mars, l'avant-garde de l'expédition française, commandée par le capitaine Marchand, livre à la garde de l'almamy le combat de Lafiboro. Monteil arrive le 4 au secours de Marchand.

C'est alors une suite interrompue de combats. Bé le 5 ; Kosangona, Dielisso, Kadioli, le 6.

Dans la nuit du 7 au 8 mars on rentre à Sokala-Dioulasso, capitale du Djimini, et le camp de Samory est bousculé. L'almany appelle alors à la rescousse des colonnes qui opéraient vers Kong et le Comoé. L'expédition française forte de 350 fusils, se trouve entourée par 12,000 sofas. Monteil se jette sur un point du cercle qui l'enserre, il s'ouvre une brèche par le combat de Sobala, où il est blessé grièvement. Il faut revenir en arrière, harcelé par l'ennemi qu'on combat à Dabakala le 15, à Kotola, Tagouo et Bé le 16, à Gouama-Ladougou, le 17. Quand ce n'est plus l'ennemi qu'il faut arrêter, la fatigue empêche de jouir du répit ou la nature vient s'acharner sur cette poignée d'enfants perdus.

Ce sont les orages. La tornade qui monte met une tache d'huile grandissante dans les tentures bleues du ciel. Le soleil devient la nuit. C'est un calme sinistre, oppressant. On ne respire plus. Puis la nuée éclate en jets de feu et en paquets d'eau ininterrompus. Le vent fait rage, arrachant les arbres, bousculant nos pauvres soldats arc-boutés, scalpant les cases de leurs toits en chaume, balayant tout. La tourmente passe vite, le calme et le soleil réapparaissent, mais les hommes demeurent trempés jusqu'aux moelles, victimes offertes aux refroidissements et aux fièvres, qui fauchent un brave entre tous, le capitaine Desperles et beaucoup d'autres vaillants.

Le 28, on raillie le fort de Konadiokofikrou.

La rébellion renaît autour de la colonne en retraite. Il faut faire face à Samory et livrer aux contingents révoltés les combats de Simbo, Marékoura, N'Derikouro, Tiemerébré. L'affaire d'Atiégoua termine cette périlleuse campagne.

Des quatre Européens composant primitivement la mission Marchand, trois, le capitaine Manet, l'agent Moskowitz et le chef de convoi Bailly sont morts à la peine.

Le capitaine, seul, est rentré (17 mai 1895) en France, avec la santé éprouvée que laissent deviner les incessantes fatigues subies. La vigueur de son tempérament prit le dessus au bout de peu de temps, comme elle l'avait fait en 1893, à Grand-Bassam, de la grave atteinte de fièvre hématurique, qui avait failli l'arrêter au début de sa belle exploration. Parti, à l'âge de vingt-quatre ans, pour l'Afrique, et revenu, à trente et un ans, capitaine et officier de la Légion d'honneur, il a passé sept années à étudier et à exécuter son projet.

C'est au prix des plus grands efforts et des plus grands dangers qu'il a accompli cette œuvre colossale. En résumé, sept années d'Afrique intérieure, c'est-à-dire sept campagnes de guerre, trois blessures, deux citations à l'ordre, une lettre de félicitations du ministre après la prise de Thiassalé. En 1895, il reçut la rosette d'officier de la Légion d'honneur. C'était de beaucoup le plus jeune des légionnaires titulaires de l'étoile d'or.

De tels services semblent suffire pour remplir une existence. Il n'en est rien pour celle de Marchand, il est jeune et voit devant lui de nouveaux exploits, à la réalisation desquels il s'avance infatigable. Mais c'est une activité surchauffée. Le séjour en France n'est pas un repos. Il a à peine le temps d'écrire les rapports sur ses œuvres passées, qu'une œuvre nouvelle s'offre à son ardeur. Sa plume marche, sans arrêt, comme il a marché lui-même par les sentiers du Soudan.

Ses journaux de marche s'accumulent, volumineux. Puis, ce sont d'importants travaux cartographiques sur les régions qu'il a découvertes. Entre temps, cela ne l'empêche pas de produire les études les plus suggestives sur les Anglais et les Italiens en Afrique, sur l'Islam et l'esclavage, sur toutes les questions intéressant le continent noir, sur la mission du capitaine Ménard... Brochant sur le tout, c'est la préparation d'un projet écrasant.

Un ordre ministériel vient en effet de l'arracher à cette vie effrénée et le lance sur une voie nouvelle, qui va le reconduire sur la terre africaine, voie de 12 à 15,000 kilomètres, sur laquelle la mort, sous mille formes, se présentera à lui et à ses compagnons.

Il se recueille. Pour la première fois, au moment d'aborder l'Afrique, il mesure l'énormité de la tâche, dont il ne voit pas le bout. Il a complété l'œuvre de Binger à la Côte-d'Ivoire ; il s'apprête à poursuivre celle de Monteil jus-

qu'au Tchad et à l'Afrique orientale. Il va porter le drapeau de la France sur cette partie du continent nègre qu'essaient de déchirer les Anglais et les Italiens : en Egypte, aux régions soudaniennes du Nil, en Abyssinie. Il aura, en effet, la conduite de bien des vies humaines. Il est nommé au commandement des troupes du Haut-Oubanghui. Au commencement de 1898, il repart pour affronter de nouveaux mystères. Que Dieu le soutienne !

Décembre 1897,

L'expédition fut mise dans les meilleures conditions d'organisation pour atteindre son but en toute certitude : sa ligne d'opération étudiée et le service de ravitaillement bien organisé par l'arrière.

La volonté de Marchand eut tout d'abord à mâter la fièvre qui, à l'abri des fatigues accumulées depuis dix ans, cherchait à prendre pied chez lui. Ces attaques sournoises ne furent cependant pas sans éprouver sa force de résistance : « La pression est toujours maxima, lit-on dans une de ses dernières lettres de 1897 (1)... tous les membres de la mission se portent comme des ponts ; moi seul ai une fuite de vapeur, que je m'occupe de boucher... Mais baste ! pourvu que la mission réusissse... »

A Paris, ses études préparatoires avaient tout fait pour cela, tout prévu. Jamais mission ne fut mieux organisée par son chef. Avec lui, il emmenait trois frères d'armes, dont les qualités et les énergies avaient été éprouvées au cours de précédentes aventures en commun : Germain (2), Baratier (3), Mangin (4). Le lieu-

---

(1) A son ami Emile Cère qui a écrit dans la *Revue hebdomadaire* une relation de la *Mission Marchand*, rendue particulièrement émouvante par ses relations intimes avec l'explorateur et les lettres qu'il a reçues de lui jusqu'au dernier moment.

(2) Capitaine d'artillerie de marine.

(3) Capitaine de cavalerie (fils de l'intendant du même nom) qui, au cours de l'expédition Monteil, à la Côte d'Ivoire, tua de sa main le chef noir qui avait mis à mort le capitaine Ménard.

(4) Capitaine d'infanterie de marine qui, en dehors de ses campagnes et de ses blessures personnelles, compte un frère, officier comme lui, tué au Tonkin, et dont le beau-frère, le capitaine Ménard, a péri, au Soudan, dans des circonstances particulièrement tragiques.

tenant Largeau, de l'infanterie de marine, l'enseigne de vaisseau Dyé, l'interprète Landeroin, le médecin de marine Emily, en tout 23 blancs, dont 8 officiers et 4 sous-officiers français, assuraient les besoins et le commandement des diverses parties de l'expédition. — (500 tirailleurs noirs).

Au mois d'août 1896, à Loango, malgré la révolte des Batekès, qui rendait les chemins peu surs entre Camba et Brazzaville, Marchand assura les détails en vue du départ vers le Nil. Les Anglais ayant pris l'embouchure et les rives égyptiennes du fleuve, lui s'apprêtait à aller planter le drapeau français sur le cours supérieur. Pour y parvenir, il faut traverser la largeur de l'Afrique. Cette largeur, partant du Congo et du Sénégal et passant par le lac Tchad, doit marquer la domination de la France et couper en deux celle que l'Angleterre veut établir du cap de Bonne-Espérance à la Méditerrannée. Cette traversée de l'Afrique devait être consacrée par la jonction, sur le grand fleuve, de la mission Marchand avec l'autre mission française conduite par de Bonchamps, et se dirigeant sur le même point, en venant de la côte de l'Abyssinie.

Ces vastes projets ont tout d'abord été couronnés de succès. Marchand est arrivé dans le Bahr-El-Gazal, tandis qu'en allant à sa rencontre et protégé par l'empereur Ménélick, de Bonchamps était à la veille de toucher au but : Fachoda, sur le Nil.

La mission Marchand, avec le lieutenant-gouverneur Liotard en avant-garde, a eu de grandes difficultés à vaincre. Quoiqu'il en soit, les dernières nouvelles la montraient en bonne voie.

Un accès de fièvre hématurique terrassa un moment le vaillant officier. A Loudina, dans la nuit du 1er octobre 1896, on le crut mort. Mais non, sa forte constitution prit encore le dessus, et l'on continua à s'avancer en combattant les insurgés.

Enfin (le 8 novembre), on arrive à Brazzaville, où l'on commence à utiliser la voie fluviale, moins exténuante, du Congo. Marchand y lance une flotille démontable de chalands en aluminium et en acier, avec le remorqueur *le Faidherbe* et le vapeur *le d'Uzès*. Le tout doit alléger et accélérer la marche plus lourde du convoi de pirogues.

Au commencement de janvier 1897, le capitaine Mangin quitte Brazzaville, après un dernier combat de Marchand à M'Tila-Voula ; il est suivi à la fin du mois par *la Ville de Bruges* et d'autres chalands qui assurent le ravitaillement par l'arrière. Marchand quitte Brazzaville (1er mars) et rejoint ceux qui sont partis en avant. Quatre mois de navigation, pendant lesquels il noue des relations amicales avec les riverains.

Le soldat explorateur qui a fait ses preuves, se montre aussi adroit diplomate.

L'atmosphère se couvre d'une tiédeur embrumée très amollissante, à laquelle s'ajoute le fléau des moustiques. L'énergie de Marchand et de ses officiers galvanise les corps et les caractères. « Je préfère le Soudan, écrit-il plaisamment ; j'aime mieux cuire en rôti, que bouillir à l'étuvée ».

En mai, on navigue sur l'Oubanghi et l'on arrive à Sémio. Alors, on reprend la marche dans le bassin du Bahr-el-Gazal (le fleuve des Gazelles), pays de marécages, justement comparé par Schweinfurth à « une éponge d'où l'eau ruisselle de tous côtés ». C'est aussi un pays de cannibales ; le 7 mai, les Nyam-Nyam (ou Obzendes), justifiant leur renom de « grands mangeurs » font un festin avec une vingtaine de tirailleurs et de convoyeurs, demeurés en arrière du gros de la mission.

Les dernières nouvelles de Marchand et de Liotard sont de juin ou de juillet. Celles du second étaient datées de Dem-Soliman ; leur auteur a dû arriver, à la fin de juillet, à Meschra-er-Rech, sur le Bahr-el-Gazal, une des branches nourricières du Nil.

Maintenant, on nage dans un doute angoissant.

La mission a-t-elle été massacrée, comme l'a dit le *Mouvement géographique* de Bruxelles ?

Ces sinistres rumeurs ne sont-elles, au contraire, que le résultat des rivalités jalouses de l'Angleterre et de la Belgique ?

Espoir !

Janvier 1898.

Les événements semblent justifier le dernier mot de cette Biographie.

La sinistre nouvelle du *Mouvement géographique* belge est au moins infirmée. Deux lettres — 21 août 1897 : de l'enseigne de vaisseau Dyé et 25 août : du capitaine Germain — postérieures à la date du prétendu massacre, sont parvenues en France. Elles montrent la mission ayant atteint un des affluents du Nil et poursuivant sa route avec succès.

Marchand continuait à implanter notre influence sur le Continent noir et à jalonner les artères françaises, qui rayonneront bientôt du cœur de l'Afrique, — mise en valeur et en exploitation — par la Tunisie, l'Algérie, le Sénégal, la Guinée française, la Côte d'Ivoire *(Transnigérien)*, le Dahomey, le Congo, le Haut-Nil et Djibouti.

VIVE LA FRANCE!

LA REVUE DES COLONIES
ET DES PAYS DE PROTECTORAT

Annales encyclopédiques et illustrées
de la Politique, de la Littérature, des Sciences, des Arts, de la Jurisprudence, de la Finance,
de l'Industrie, du Commerce, de l'Armée, de la Marine et des Colonies.

Publiée tous les mois

SOUS LA DIRECTION DE

MM. **PAUL VIVIEN**, ✪ (I)., Avocat à la Cour d'Appel de Paris, **ALFRED NANÇON**, ✪ (I)
et **L. BRUNET**, Secrétaire de la Rédaction.

AVEC LA COLLABORATION ET LE CONCOURS DE

MM.

Abel, député du Var. — Pierre **Alype**, député de l'Inde-Française. — E. **Andrieu**, ✪. — Achille **Barostang** ✻. — F. de **Béhagle**, explorateur. — Louis **Brunet**, député de la Réunion. — Auguste **Brunet**, ✪. — **Bon**, ✻, ancien proviseur du Lycée de la Réunion. — **Barral**, ✻. — André **Berthelot**, agrégé d'histoire et de géographie. — **Boucan-Launay**, ✻. — Camille **Bellanger**, ✪ (I). — Lucien **Bernard**, ✪. — Henri **Bryois**, ✪. — Paul **Bourdarie**, explorateur. — Fernand **Brière**, ✪. — Bernard **d'Attanoux**, ✻, explorateur. — Emile **Bayard**, ✪ A. — Paul **Bouguereau**, ✻. — Fernand **Bourgeat**, ✪ (I). — Louis **Bellet**. — C⁺ **de Brisay** ✻. — Gustave **Bley**, ✪. — Irénée **Blanc**, ✪ (I). — C⁺⁰ **de Brettes**, ✪, explorateur. — **Bonnel de Mézières**, explorateur. — Gabriel **Bonvalot**, explorateur ✪ (O). — **Bazille**, ✻ député. — Gabriel **Cudenet**, délégué de la Nouvelle Calédonie. — D⁺ **Chabaud**, ancien médecin de la Marine. — Gervais **Courtellemont**, ✻ explorateur. — **Chessé**, délégué de Tahiti. — **Couchard**, député du Sénégal. — Léon **Courtiller**, ✪ A. — D⁺ **Combes**. — Félicien **Champsaur**. — **Cerisier**, ✻, ancien officier de marine. — **Charlier**, ✪. — **Castonnet des Fosses**. ✪ A. — **Cravoisier**. — René **de Cuers**, ✪ (I). — E. **Callé**, ✪. — **Carcassonne**, ✪. — D⁺ **Catat**, explorateur. — **Cuniac**, ancien maire de Saïgon. — **Chaffanjon** explorateur. — **Drouhet**, sénateur de la Réunion. — **Deproge**, député de la Martinique. — Georges **Debrie**, ✪ A. — Léon **Dierx**, ✻. — E. **D'Ollanges**. — Antoine **Dupré**. — Gaston **Donnet**, explorateur. — **Dolin du Fresnel** ✪. — **Dutilh de la Tuque**, ✪ (I). — **Delcassé**, ✻, ancien ministre des colonies. — **Dujarric**, directeur de la *Géographie*. — **Dugas**, président de la Société de colonisation. ✪. — **D'Juin**. — Paul **DeFleac**, ✪ (I). — **P. Fleury**, ✪. — **Franconie**, député de la Guyane. — **Foureau**, ✻, explorateur. — **Gerville-Réache**, député de la Guadeloupe. — Henri **Guignot**. — J.-B. G. **Guillemin**. — Yves **Guedon**. — Ch. **Gelé**, avocat au Tonkin. — Georges **Garros**. — Alfred **Grandidier**, membre de l'Institut. — Ch. **Gauthiot** secrétaire-général de la Société de Géographie commerciale ✻. — Jules **Godin**, sénateur de l'Inde. — William **Guynet**. — Pierre **Geringer** ✪. — André **Henry**. — **Halais**, ✻, ancien résident au Tonkin. — D⁺ **Hahn**, ✻, résident au Cambodge. — Jules **Hermann**, ✪. — Louis **Hérard**. — Lucien **Heudebert**, ✻. — Louis **Henrique**, ✻ (O). — **Isaac**, sénateur de la Guadeloupe. — D⁺ Auguste **Isaac**, député de la Guadeloupe. — E. **Jaunet**. — **Kréder**, ✻. — Félix **Leseur**. — D⁺ **Le Lan** ✪. — Ch. **Lemire**, ✻, ancien résident en Annam et au Tonkin. — Le général A. **Lambert** G. O. ✻. — Ch. **Lacoste**, ✪ — D⁺ **Larrivé**, ✪ (I). — Edouard **Laillet**, (I). — César **Lainé**, député de la Martinique. — D⁺ **Labonne**, ✪ (I). — Adhemar **Leclère**, résident du Cambodge. — **Laforest**, ✪. — Ulysse **Leriche**. — **Musseler-Boisgontier**, ✪. — **De Mahy**, député de la Réunion. — Maurice **Maindron**, ✪, explorateur. — Ernest **Massen**, ✪ (I). — Paul **Marion**, ✪. — D⁺ **Mounet**, ✪ (I). — **Migeon**, ✪ (I). — **Mohamed-ben-Lamine**, ✻. — **Madrolle**, explorateur. — Lieutenant-colonel **Monteil**, ✻ (O). — Yann **Nibor**. — Th. **Mercier-Beauné**. — Emile **Massard**, ✪. — Albert **Pétrot**, député de Paris. — S. **Paulard**. — **Piquet**. — A. **Pavy**, ✪. — Jean-Bernard **Passerieu**. — Henri **Pensa**, ✪. — Le capitaine **Paimblan du Rouil** ✻. — Paul **Pottier**, ✪. — **Pauliat**, sénateur. — F. **Ott**. — **Obalski**, ✪. — Léon **Bailby**. — **Rouzaud**, ✻, ancien officier de marine. — Georges **Roussin**, ✪. — Georges **Richard**, ✻. — Baron Textor **de Ravisi**, ✻ (C). — **Raoul**, ✻ (O), membre du Conseil supérieur des colonies. — D⁺ **Rouire**, ✻. — Arist. **Richard**, ✪. — **Robert**, ✪. — Henri **Rousson**. — **Samary**, député d'Alger. — **Saudemont**. — Ch. **Soller**, ✪ (I), délégué au conseil supérieur des Colonies. — G. **Saussine**, professeur à la Martinique. — **St-Germain**, député d'Oran. — Henri **Sauvage**, ✪. — A. **Sandoz**, ✪. — **St-Cybars**, ✻. — Henri **Simon**, ✪. — **Vigné d'Octon**, ✻, député. — **Verdin**. — D⁺ Georges **Vivien**, ✪. — Henri **Visinteiner**, ✪. — P. **Willems**, explorateur. — Victor **Sévère**, conseiller général de la Guyane. — Vicomte **Lespinasse-Langeac**, ✪. — Gustave **Vincent**. — Paul **Vibert**, ✪ (I). — Capitaine **Iler-Wyn**, ✻. — E. **Prisse d'Avennes**, etc, etc.
